Centre de Propagande
des Républicains Nationaux
102, Rue Amelot, PARIS (11e)

L'ORGANISATION INTERNATIONALE DE LA PAIX

PAR

ALBERT NAUD

CEORGES LANG
Imprimeur
11 bis, Rue Curial
PARIS

Centre de Propagande
des Républicains Nationaux
102, Rue Amelot, PARIS (11e)

■

L'ORGANISATION INTERNATIONALE DE LA PAIX

PAR

ALBERT NAUD

■

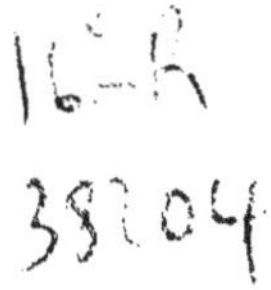

CEORGES LANG
Imprimeur
11 bis, Rue Curial
PARIS

AVERTISSEMENT

Cette brochure n'a qu'un seul but : faire connaître aux orateurs républicains nationaux l'organisation internationale de la paix dans ses grandes lignes.

L'étude que nous avons faite de la S.D.N., du protocole de Genève, des Accords de Locarno, du Pacte Briand-Kellog est objective.

Nos critiques, lorsque nous en formulons, s'appuient sur l'examen sérieux de ces divers organismes.

Telle est la méthode que doivent employer en public les orateurs républicains nationaux.

Chapitre Premier

LA SOCIÉTÉ DES NATIONS

COMPOSITION ET ORGANES DE LA S.D.N.

La Société des Nations est une création du Traité de Versailles. A l'origine, elle peut être assimilée à une sorte de syndicat de Nations ou, plus exactement, d'Etats, dont le but limité serait le maintien de la paix.

Depuis lors le nombre des attributions de la S.D.N. n'a cessé de grandir et son champ d'action n'a cessé de s'étendre. Mais le but unique qu'elle s'était assigné dès sa formation n'a pas changé.

C'est à ce but et aux moyens dont peut user la S. D. N. pour le réaliser que nous limiterons notre étude.

54 Etats font partie de la S. D. N.

4 organes assurent son fonctionnement :

L'Assemblée,

Le Conseil,

Le Secrétariat permanent,

La Cour permanente de justice internationale.

COMPOSITION

La S. D. N. a compris au début un certain nombre de membres originaires, en particulier les Alliés qui avaient signé et ratifié le traité de Versailles. Puis elle s'est successivement étendue. Aujourd'hui, elle groupe 54 Etats, soit l'immense majorité du monde civilisé.

N'en font pas partie les Etats-Unis qui ont refusé de ratifier le Traité de Versailles, dont on peut bien dire qu'il était en partie leur œuvre ! N'en font pas partie non plus le Mexique, la Russie, l'Equateur, la Turquie, l'Egypte, le Brésil qui l'a quittée parce qu'il n'a pu obtenir un siège permanent au conseil.

ORGANES.

Il y en avait trois à l'origine : l'Assemblée, le Conseil et le Secrétariat permanent. Il faut à l'heure actuelle en ajouter un quatrième : la Cour permanente de justice internationale qui est une création de la S. D. N. elle-même.

Lors de la création de ces organes une question s'est posée : allait-on réaliser l'égalité complète entre les nations ou bien au contraire, allait-on établir une certaine hiérarchie ? La question n'a été résolue qu'imparfaitement par un compromis.

L'égalité complète existe dans l'Assemblée où les Etats grands et petits disposent respectivement d'une seule voix.

Une véritable hiérarchie a été établie au sein du Conseil où les grands Etats ont la prépondérance.

Ce compromis repose sur l'idée suivante : il ne faut pas démocratiser outre mesure la S. D. N. en donnant aux petits Etats la même importance qu'aux grands, sous peine de la soumettre à la loi du nombre. Il serait inadmissible, par exemple, qu'un petit Etat comme ceux des républiques de l'Amérique Centrale dont certains comptent à peine 1 million d'habitants, eût au sein de la S. D. N. le même pouvoir de décision que la Grande-Bretagne ou la France.

Seule, la Suisse est entrée dans la S. D. N. avec une situation spéciale. Elle y conserve sa neutralité et par là même échappe à cette obligation de garantie collective qui est le fondement-même de la Société des Nations. Cela est évidemment paradoxal, mais les autres nations ont dû s'accomoder de ce paradoxe pour obtenir Genève comme siège de la S. D. N.

1° L'Assemblée

L'Assemblée est organisée par l'article 3 du Pacte de la Société des Nations contenu dans la première partie du traité de Versailles.

a) Elle comprend les représentants de toutes les nations sociétaires.

b) Chaque nation peut avoir 3 représentants.

Par exemple: un diplomate.
un juriste.
un conseil technique.

c) Mais ces trois représentants n'ont qu'**une voix** à eux trois. Ils doivent donc se mettre d'accord avant le vote.

d) L'Assemblée se réunit à des époques fixes ; mais ce n'est pas une règle. Elle peut siéger en session extraordinaire. Normalement **la session a lieu en septembre.**

e) L'Assemblée est très nombreuse puisqu'elle comprend 54 états qui peuvent avoir chacun trois représentants.

f) L'Assemblée n'a pas d'attributions bien définies. « *Elle connaît de toute question qui rentre dans la sphère d'activité de la Société ou qui affecte la paix du monde* ». Il arrive même que pratiquement ses attributions se confondent avec celles du Conseil. Cela ne va d'ailleurs pas sans inconvénient.

2° Le Conseil.

La composition du Conseil est variable en partie tout au moins. L'article 4 du Pacte qui l'a institué a surtout défini ses attributions.

a) Le Conseil comprend trois espèces de membres :

Les membres permanents.
Les membres non-permanents.
Les membres semi-permanents.

Les membres permanents sont, ou plutôt devaient être, les « cinq grandes Puissances alliées et associées », France, Angleterre, Italie, Japon, Etats-Unis. La défaillance des Etats-Unis a réduit à quatre ce nombre primitivement fixé à cinq. Mais l'admission de l'Allemagne comme membre permanent en 1926 a corrigé cet inconvénient (?)

Les membres non permanents étaient à l'origine au nombre de quatre, ce qui assurait la majorité aux membres permanents. Mais ce nombre est aujourd'hui de 9. **La majorité a donc changé de côté.**

Les membres non permanents sont élus pour 3 ans par l'Assemblée et ne sont pas rééligibles. En donner la liste serait illusoire puisque cette liste est variable, au moins quant à sa qualité.

Il existe enfin une dernière catégorie de membres, **ce sont les semi-permanents.** Prend la qualité de membre semi-permanent tout Etat qui, ayant déjà la qualité de membre non permanent, est réélu au bout de ses trois ans par un vote pris à la majorité des deux tiers au sein de l'Assemblée. Tel est, à l'heure actuelle, le cas de l'Espagne et de la Pologne.

b) **Le rôle du Conseil** est très important. Il peut modifier sa propre composition. Il peut, avec l'approbation de la majorité de l'Assemblée nommer de nouveaux membres permanents. C'est grâce à cette prérogative du Conseil que l'Allemagne put être admise à titre de membre permanent en 1926.

Notons néanmoins que les attributions du Conseil sont extrêmement vagues. En principe, il « *connaît de toutes les questions rentrant dans la sphère d'activité de la Société ou affectant la paix du monde.* »

c) **Le Conseil se réunit** où il veut et quand il veut. Pratiquement il se réunit **à Genève trois fois par an.**

d) **Le fonctionnement du Conseil repose sur le principe de l'unanimité.** L'opposition d'un seul membre paralyse tous les autres : c'est le liberum veto des diètes polonaises et balkaniques d'avant-guerre. Nous reviendrons sur cette question fort importante.

Plusieurs exceptions à ce principe de l'unanimité sont d'ailleurs admises. En voici une particulièrement grave. La majorité des deux tiers de l'Assemblée peut imposer au Conseil un nouveau membre. Plusieurs petits Etats clients d'un Etat plus puissant peuvent donc faire bloc au sein de l'Assemblée pour faire admettre cet Etat en dépit de l'opposition des grands Etats qui ne représentent qu'une minorité.

Voici une autre exception importante au principe de l'unanimité. En cas d'obstruction d'un membre non permanent, le Conseil peut décider à l'unanimité (le récalcitrant non compris) de révoquer et de réélire tous les membres non permanents.

3° Le Secrétariat permanent.

Ce secrétariat organisé par l'article 6 comprend d'abord un secrétaire général. Le premier secrétaire général Sir Eric Drummond a été nommé par le pacte même de la S. D. N.

a) **Le Secrétariat est établi à Genève.** Il pourrait d'ailleurs, si le Conseil en décidait ainsi, s'établir dans une autre ville que Genève et dans un autre pays que la Suisse.

b) Les secrétaires peuvent être indifféremment des hommes ou des femmes. Ils bénéficient des immunités et privilèges diplomatiques.

c) Les **bâtiments** occupés par les services de la S. D. N. bénéficient du privilège de l'exterritorialité et de l'inviolabilité.

4° La Cour permanente de justice internationale

Le principe de cette Cour permanente fut posé lors de la Conférence de La Haye en 1907. Il ne devait être réalisé que par la S. D. N.

a) **Les juges** à la Cour permanente sont nommés par le Conseil et touchent une rétribution.

b) **Le rôle** de la Cour permanente est double. En dehors de son **rôle judiciaire** (jugements rendus entre les nations) elle peut être saisie par le Conseil et l'Assemblée pour **avis consultatif**.

ATTRIBUTIONS DU CONSEIL ET DE L'ASSEMBLÉE DE LA SOCIÉTÉ DES NATIONS

Ces deux organes ont à la fois des attributions communes et des attributions propres.

ATTRIBUTIONS COMMUNES.

L'Assemblée et le Conseil ont tout d'abord le pouvoir de modifier le Pacte même de la S. D. N. Cette modification doit être décidée par le Conseil à l'unanimité et par l'Assemblée à la majorité absolue. Les grandes puissances se trouvent ainsi protégées.

Une autre attribution importante appartient également au Conseil et à l'Assemblée. Ils peuvent être saisis d'un différend entre Nations pour qu'une enquête-examen soit décidée. Ils ne sont d'ailleurs pas saisis concurremment.

ATTRIBUTIONS PROPRES A L'ASSEMBLÉE.

LA RÉVISION DES TRAITÉS.

En dehors de son droit d'admettre de nouveaux membres à la majorité des deux tiers, l'Assemblée a une attribution extrêmement importante. Elle peut en vertu de l'article 19 du Pacte, « *reviser les traités devenus inapplicables, et les situations internationales dont le maintien pourrait mettre en péril la paix du monde.* » Il en résulte que les prétentions actuelles de l'Allemagne eu égard à la révision du traité de Versailles ne sont pas dénuées de fondement juridique.

ATTRIBUTIONS PROPRES AU CONSEIL : MAINTIEN DE L'INTÉGRITÉ TERRITORIALE ET DE L'INDÉPENDANCE DES NATIONS.

L'attribution principale du Conseil est contenue dans l'article 10 du Pacte ainsi conçu :

« *Les membres de la Société s'engagent à respecter et à maintenir contre toute agression extérieure, l'intégrité territoriale et l'indépendance politique présente de tous les membres de la Société. En cas d'agression, de menace ou de danger d'agression, le Conseil* **avise au moyen d'assurer l'exécution** *de cette obligation.* »

Les autres attributions du Conseil sont :
La réduction des armements ;
L'organisation de l'arbitrage ;
L'organisation de l'action collective ;
L'exclusion d'un membre ;
Le contrôle des mandats coloniaux.

LA SOLUTION PACIFIQUE DES CONFLITS PAR LA S. D. N.

La notion de guerre juste et de guerre injuste. — La garantie collective. — La médiation du Conseil. — L'arbitrage. — Le moratoire de guerre.

En gros, voici comment la S. D. N. entend résoudre un conflit entre deux nations :

1° Une notion domine la matière, c'est celle de guerre juste ou injuste ;

2° Les Etats ont l'obligation (plus morale que juridique) de recourir soit à l'arbitrage soit à la médiation du Conseil ;

3° Ils doivent surseoir à toute action belliqueuse avant que la sentence des juges ou le rapport du Conseil soit connu ;

4° Après cette sentence ou ce rapport, un délai de 3 mois pendant lequel aucun Etat ne doit engager des hostilités, est obligatoire. Ce délai s'appelle le moratoire de guerre ;

5° Un Etat qui engage les hostilités sans s'être conformé à la procédure instituée par la S. D. N., se heurte à la garantie collective des autres Etats.

LA NOTION DE GUERRE JUSTE OU INJUSTE

La S. D. N. n'aurait-elle fait que poser nettement sur le terrain des principes cette grave question de la guerre juste ou injuste qu'elle aurait droit au respect des hommes.

Pendant tout le XIXe siècle en effet, la question n'est même pas discutée. La théorie allemande de la force a conquis les nations de proie qui devaient s'unir pour nous attaquer en 1914. **D'après la théorie allemande, c'est le succès qui crée le droit.** Il n'y a pas de guerre juste ou injuste, **il y a simplement des guerres qui réussissent ou qui échouent.** Leur issue détermine le bénéficiaire du droit. C'est le vieux « jugement de Dieu » des tribus germaniques.

C'est donc un honneur pour la S. D. N. d'avoir résolument condamné la théorie brutale de l'Allemagne du Kaiser. Souhaitons que l'Allemagne d'aujourd'hui qui, en adhérant à la S. D. N. a admis la condamnation de ses vieux principes de domination par la force, soit sincère. Certains faits sont malheureusement là qui nous permettent d'en douter.

Quoi qu'il en soit, il y a donc des guerres justes et des guerres injustes.

LA GUERRE JUSTE.

1° La guerre juste **est un mode d'exécution du droit.** Lorsqu'après avoir recouru à la procédure instituée par la S. D. N. un Etat a été reconnu fondé dans sa plainte, il a le droit de recourir à la guerre si son adversaire persiste dans ses actes d'hostilité ;

2° La guerre juste est un **mode de protection du droit.** Lorsqu'un Etat a été attaqué sans procédure pacifique préalable, les autres Etats sociétaires viennent à son secours pour une garantie collective de son indépendance politique et de son intégrité territoriale.

LA GUERRE INJUSTE.

Le Pacte distingue les membres de la S. D. N. et les Etats qui ne font pas partie de la S. D. N. Cette distinction très importante au point de vue juridique, l'est beaucoup moins sur le terrain des principes. Aussi peut-on ramener les cinq cas envisagés par le Pacte à deux seulement :

1° La guerre est injuste lorsqu'elle est entamée **sans qu'on ait recouru à la procédure de l'arbitrage ou du Conseil ;**

2° La guerre est injuste lorsque les deux Etats s'étant conformés à la procédure susdite et l'un d'entre eux s'étant exécuté par la suite, l'autre l'attaque.

Nous verrons d'ailleurs que pratiquement la distinction entre la guerre juste et la guerre injuste n'est pas aussi évidente.

LA GARANTIE COLLECTIVE

Tout Etat membre de la S. D. N. qui recourt à la guerre sans s'être soumis à la procédure établie par le Pacte est considéré par les autres membres comme étant ipso facto en état de guerre contre eux.

La garantie collective est prévue et organisée par l'article 16 du Pacte.

Cet article vise le cas d'un Etat **membre de la S. D. N.** qui recourt à la guerre sans s'être soumis soit à la médiation du Conseil, soit à la procédure d'arbitrage prévues par le Pacte.

Des sanctions de diverses natures sont prises contre cet Etat :

SANCTIONS ÉCONOMIQUES.

Les autres Etats s'engagent à rompre avec l'Etat coupable toutes relations financières, commerciales ou personnelles.

Bien entendu, cet engagement en dépit de son caractère juridique est surtout moral. On peut se demander si, pratiquement, toutes relations économiques seront bien rompues entre le bloc des Etats solidaires et l'Etat coupable.

Un pareil blocus économique suppose une surveillance efficace des frontières et par là même, à l'intérieur de chaque pays, un gouvernement particulièrement soucieux de tenir son engagement.

SANCTIONS MILITAIRES.

Il existe un deuxième ordre de sanctions, celles-là militaires. Le Conseil a le devoir de fixer pour les divers gouvernements intéressés les **effectifs militaires, navals ou aériens** par lesquels les membres de la S. D. N. contribueront respectivement aux forces armées destinées à faire respecter les décisions de la Société.

Enfin, chaque gouvernement intéressé s'engage à laisser passer à travers son territoire les forces de tout membre de la Société participant à l'action collective.

QUE VAUT CETTE GARANTIE COLLECTIVE ? ELLE A SURTOUT UN EFFET MORAL.

On peut supposer le cas d'un des membres de la Société refusant de participer à l'action collective et même d'en faciliter l'exercice.

Existe-t-il des sanctions contre cet Etat qui manque aux obligations acceptées par lui aux termes du Pacte? Il existe une sanction, mais elle est bien timide. L'Etat manquant ainsi à son devoir de solidarité sera simplement exclu. On ne pouvait vraiment faire moins.

Enfin il faut signaler que l'intervention militaîre collective ne pourra être mise en mouvement qu'après que les sanctions économiques se seront révélées inefficaces.

Dans de telles conditions, il est bien évident que l'obligation de recourir d'abord aux sanctions économiques, puis de décider s'il y a lieu à intervention armée, enfin de fixer pour chaque Etat les effectifs militaires, met la S.D.N. en état d'infériorité à l'égard de l'Etat qui se serait préparé à la guerre.

Pratiquement, l'armée d'exécution collective arrivera après la bataille.

Sa menace a surtout un effet moral !

LA PROCÉDURE PRÉVUE PAR LE PACTE

Les Etats ont l'obligation de demander soit la médiation du Conseil soit l'arbitrage.

La décision de la S. D. N. une fois rendue, un délai de trois mois, appelé « moratoire de guerre », doit s'écouler avant que l'Etat « gagnant » puisse sanctionner son droit par la force à l'égard de l'Etat coupable.

Un différend surgit entre deux Etats (1). Ce différend va donner lieu **obligatoirement** à la médiation du Conseil ou à la procédure d'arbitrage.

LA MÉDIATION DU CONSEIL.

a) Le Conseil saisi du différend par le Secrétaire général permanent va ordonner une **enquête-examen** afin de recueillir des données précises et complètes (autant que possible bien entendu) sur le conflit naissant.

b) Le Conseil une fois renseigné **a un délai de six mois** pour régler le différend ou au moins en dire ce qu'il pense.

c) **Si le Conseil parvient à régler le différend**, il publie simplement un **exposé** relatant les faits, les explications qu'ils comportent et les termes du règlement.

d) **Si le différend ne peut pas se régler**, le Conseil publie un **rapport** pour faire connaître à l'**opinion publique** les éléments du différend et les **solutions recommandées** par le Conseil.

Ce cas, qui sera fréquent malheureusement, est à examiner dans ses détails.

LE RAPPORT DU CONSEIL ; L'APPEL A L'OPINION PUBLIQUE ; LA GUERRE DEVENUE POSSIBLE EN CAS DE DÉSACCORD AU SEIN DU CONSEIL.

Le Conseil, ne pouvant pas régler le différend, publie un rapport. Ce rapport constitue un **appel à l'opinion**

(1) Le Pacte fait une distinction entre les Etats membres de la Société et ceux qui n'en font pas partie. Mais comme pratiquement la S. D. N. groupe tous les Etats européens civilisés, nous ne retiendrons pas cette distinction ; nous examinerons simplement en quelques mots le cas de la Russie.

publique. On peut se demander si contrairement à ce qu'affirment les Anglo-Saxons, cet appel aura une grande portée pratique. L'opinion mondiale n'existe que théoriquement. La vérité est qu'il y a une opinion allemande, une opinion française, une opinion italienne, etc...

D'ailleurs, la publication de ce rapport rencontre dès l'origine une difficulté considérable. C'est qu'avant de le publier, il faut se mettre d'accord pour le rédiger.

Deux cas sont à considérer :

1er cas

Les Membres du Conseil se mettent tous d'accord sur les termes du rapport.

Ce rapport va donc être publié, mais quelle va être sa portée ?

Le Pacte dit : Si tous les membres du Conseil se mettent d'accord pour publier un rapport analysant le différend qui n'a pu être réglé et recommandant aux Etats en conflit les solutions à adopter, aucun des membres de la S. D. N. ne pourra déclarer la guerre à l'Etat qui se conformera aux recommandations contenues dans le rapport.

Autrement dit, si l'un des deux Etats en conflit se soumet au rapport du Conseil, les membres de la S.D.N. ne lui feront pas la guerre.

Le contraire eût été surprenant !

La sanction du Conseil n'est pas plus efficace à l'égard de l'Etat coupable.

L'Etat qui a eu gain de cause peut en effet, dit le Pacte, recourir à la force pour obtenir l'exécution de son droit.

Mais s'il n'est pas le plus fort ? Si l'Etat coupable — et c'est souvent le cas — est prêt à la guerre et bien armé, que fera le malheureux Etat « gagnant » avec son seul bon droit ?

2e cas

L'unanimité n'a pu se faire au sein du Conseil sur la rédaction du rapport.

Alors « *les Etats membres de la Société se réservent le droit d'agir comme ils le jugeront nécessaire pour le maintien du droit et de la justice.* »

Ce jargon diplomatique veut dire en bon français que **les Etats membres de la Société ont le droit de recourir à la guerre.**

Mais contre qui ?

Ils se partageront en deux blocs selon leurs préférences et leurs intérêts et viendront ajouter leurs forces aux forces respectives des deux Etats en conflit : **c'est la guerre mondiale.**

Dans ce cas donc, même en théorie, le Pacte n'a pas condamné la guerre et n'a pas dit si elle était juste ou injuste.

L'ARBITRAGE.

A la différence de la médiation qui est une solution politique des conflits, l'arbitrage est une solution juridique qui pourra même comporter depuis la création de la Cour permanente de justice internationale une sentence judiciaire.

C'est l'article 13 du Pacte qui a prévu l'arbitrage :

ART. 13. — 1er alinéa : « *Les membres de la Société conviennent que s'il s'élève entre eux un différend susceptible* à leur avis *d'une solution arbitrale et si ce différend ne peut se régler de façon satisfaisante par la voie diplomatique, la question sera soumise intégralement à l'arbitrage.* »

A première vue, on pourrait croire que l'arbitrage obligatoire existe. C'est une erreur.

Il suffit en effet de lire attentivement l'article 13 pour s'apercevoir que les Etats décident souverainement si tel ou tel différend est susceptible de recevoir une solution arbitrale : « *A leur avis* », dit le texte.

Néanmoins il serait faux de dire que l'article 13 est sans portée. Il faut distinguer deux cas :

1er cas

Les Etats en conflit avaient conclu entre eux une convention d'arbitrage avant que ne naisse le conflit

Dans ce cas, l'article 13 s'applique. En vertu de la convention d'arbitrage les deux Etats (il faut du moins l'espérer) accepteront une solution arbitrale du différend qui les sépare.

2e cas

Les deux Etats en conflit n'avaient pas conclu de convention d'arbitrage

Dans ce cas l'article 13 (alinéa 2) prévoit un certain nombre de cas généralement susceptibles de solutions arbitrales.

Exemples : Interprétation d'un traité,
rupture d'un engagement international.

La liste de l'article 13 n'est d'ailleurs pas limitative, malheureusement elle n'indique que des cas **généralement** susceptibles de solutions arbitrales. On peut se demander si ce mot « généralement » ne laisse pas aux Etats toute latitude de refuser l'arbitrage ?
Ils n'ont qu'une **obligation morale** de l'accepter.

La justice compétente

Aujourd'hui, c'est pratiquement la Cour permanente de justice internationale. Cependant les Etats auront pu dans une convention d'arbitrage désigner par avance la Cour ou les arbitres compétents en cas de différend.

PORTÉE SURTOUT MORALE DE L'ARBITRAGE ; SANCTION NÉGATIVE ; LA GUERRE RESTE POSSIBLE.

Supposons que deux Etats aient accepté de recourir à la procédure de l'arbitrage. L'un va avoir gain de cause, l'autre va avoir tort.

Que va-t-il se passer ?

1er cas

L'Etat « perdant » va exécuter l'obligation née de l'arbitrage

Toute guerre dirigée contre cet Etat serait déclarée illégale. **Est-ce à dire que la S. D. N. interviendrait pour le protéger ? Il n'en est pas question.**
On peut répondre, il est vrai, que l'article 10 du Pacte affirmant la solidarité des membres sociétaires pour maintenir l'indépendance politique ou l'intégrité territoriale de l'un d'entre eux pourrait jouer en la circonstance.

2e cas

L'Etat « perdant » n'exécute pas la sentence arbitrale.

Dans ce cas, l'Etat « gagnant » a le droit de recourir à la guerre pour contraindre son adversaire à s'exécuter. La même question se pose qu'à propos de la médiation du Conseil : cet Etat malgré son bon droit sera-t-il le plus fort ?

Les autres Etats ne s'engagent d'ailleurs qu'à une chose: ne pas intervenir contre lui. On conviendra qu'ils ne pouvaient s'engager à moins !

Notons cependant pour dire toute la vérité que l'article 13 prévoit une intervention assez vague de la S.D.N. en faveur de l'Etat gagnant. « *Le Conseil,* dit ce texte, **propose** *les mesures qui doivent assurer l'exécution de la sentence.* »

« **Le Conseil propose...** » Cette formule est bien timide!

MORATOIRE DE GUERRE.
VIEILLE IDÉE.

Le rapport du Conseil ou la sentence des arbitres doivent intervenir dans un délai raisonnable. Le rapport du Conseil en particulier doit être publié dans les six mois à dater du jour où le différend a été soumis à l'examen de la S. D. N.

Pendant ces six mois, les Etats en conflit doivent bien entendu se tenir tranquilles.

Ce n'est pas tout. A partir du jour où sont connus le rapport du Conseil ou la sentence des arbitres, commence à courir un **délai de trois mois appelé moratoire de guerre** pendant lequel aucun des deux Etats en cause ne doit déclarer la guerre.

Délai de procédure et moratoire de guerre totalisés représentent à peu près **neuf mois** pendant lesquels la guerre est interdite.

Les auteurs du Pacte ont espéré que cette période paisible relativement longue permettrait une détente entre les deux pays en conflit. Des conversations diplomatiques, des négociations auront pu être engagées et assainir l'atmosphère politique.

Cette idée n'est pas nouvelle. La « Quarantaine le roi », vieille institution des rois du moyen âge était un moratoire de guerre puisqu'elle obligeait deux seigneurs ennemis à ne pas ouvrir les hostilités pendant quarante jours à partir de la naissance du fait motivant les hostilités. Ce délai avait été établi dans le but de ne pas prendre au dépourvu les familles des deux seigneurs.

Il faut espérer que depuis ce temps-là les hommes sont devenus meilleurs et que le « moratoire de guerre » sera plus efficace que la « quarantaine le roi » !

LE CAS DE LA RUSSIE SOVIÉTIQUE

La Russie des Soviets ne fait pas partie de la S. D. N. Si elle attaquait un des membres de la S. D. N. la question se poserait donc de savoir quelle serait l'attitude des autres membres.

Nous avons vu précédemment le cas d'un Etat, membre de la S. D. N. attaquant un autre Etat sans avoir recouru à la procédure instituée par le Pacte. Dans ce cas, disions-nous, l'article 16 jouera et tous les membres de la S. D. N. interviendront collectivement pour prendre contre l'agresseur des sanctions économiques et militaires.

Mais il s'agissait d'un membre de la S. D. N. rompant l'engagement qu'il avait contracté en signant le Pacte.

Que dire de la Russie qui n'a pas signé le Pacte et ne peut, par conséquent, rompre un engagement qu'elle n'a jamais pris ? La question reste entière.

JUGEMENT SUR LA S. D. N.

Tentative généreuse pour substituer la notion de justice à celle de force.

Organisme qui s'est déjà perfectionné et qui peut se perfectionner davantage.

Rejeter en bloc la S. D. N. serait aussi dangereux et maladroit que de lui faire une confiance aveugle.

Pour la première fois depuis les temps modernes un organisme international a condamné la théorie de la force.

Pour la première fois aussi a été définie la notion de guerre juste ou injuste.

La S. D. N. représente donc une victoire morale du droit sur la force.

Est-ce suffisant pour qu'à tout jamais la guerre soit évitée ! Il est probable que non.

Nous avons vu à cet égard les insuffisances des sanctions prévues par le Pacte, la timidité de la garantie collective, son manque d'efficacité.

La S. D. N. demeure et demeurera longtemps encore une belle idée, mais rien que cela. L'instrument pratique de lutte contre la guerre qu'elle a l'ambition d'être est encore à peine ébauché !

Chapitre II

LE PROTOCOLE DE GENÈVE LES ACCORDS DE LOCARNO

Le Protocole de Genève et les Accords de Locarno ne sont pas isolables du Pacte de la S. D. N. **Ils viennent en combler les lacunes dans une certaine mesure, ou du moins telle est leur intention.**

LE PROTOCOLE DE GENÈVE.

Il existe trois lacunes importantes du Pacte que le Protocole de Genève a voulu combler.

1re lacune

L'arbitrage prévu par le Pacte n'est pas obligatoire Le Protocole de Genève veut rendre cet arbitrage obligatoire au moins dans les cas énumérés par le Pacte.

Nous avons vu que les Etats recoureront à l'arbitrage dans les cas seulement « *susceptibles à leur avis* » de recevoir une solution arbitrale.

Le but du Protocole de Genève était de rendre tous ces cas obligatoires sans discussion possible.

La France fut le seul pays à se ranger à cette thèse.

2e lacune

En cas de médiation du Conseil, si le Conseil n'est pas unanime à établir son rapport, il nommera des arbitres dont le jugement sera obligatoire.

On peut dire qu'il y avait une certaine naïveté de la part des auteurs du Protocole à se figurer que le Conseil n'ayant pu imposer sa volonté, les arbitres issus de lui auraient plus d'autorité qu'il n'en avait lui-même.

Un organisme faible produisant un organisme fort, c'est une gageure.

3e lacune

La notion d'agresseur était mal définie par le Pacte. Le Protocole la définit d'une façon saisissante.

Le critérium d'ordre militaire était manifestement insuffisant pour déterminer à coup sûr lequel de deux Etats était l'agresseur. Un Etat peut en effet très bien mobiliser sans pour cela se livrer à un acte d'hostilité vis-à-vis de son voisin. On peut soutenir qu'il ne fait ainsi que protéger sa sécurité éventuellement menacée.

Le critérium nouveau et infiniment plus exact adopté par le Protocole de Genève est le suivant : **est réputé agresseur tout Etat qui refuse de recourir à la procédure pacifique instituée par le Pacte**·Cette définition a le mérite de ne permettre aucune équivoque.

Il existe enfin une quatrième lacune qu'a voulu combler le Protocole de Genève, c'est celle relative à la clause de réserve de la souveraineté. Mais nous n'en parlerons pas, car elle appartient au droit international pur bien plus qu'à l'organisation proprement dite de la paix.

ACCEPTATION DU PROTOCOLE à l'unanimité en septembre 1924.

Le Protocole fut accepté à l'unanimité en 1924 par tous les membres de la S. D. N.

REJET DU PROTOCOLE en mars 1925 par le gouvernement anglais

En 1924 il y avait en Angleterre un gouvernement travailliste. Ce gouvernement tomba à la fin de l'année et laissa la place à un gouvernement conservateur qui rejeta le Protocole.

Les travaillistes à nouveau au pouvoir n'ont pas ratifié le Protocole.

Il est à noter d'ailleurs que les travaillistes revenus au pouvoir en 1929 n'ont pas ratifié le Protocole. Cette attitude des socialistes anglais montre assez ce souci de l'indépendance que ne cesse de montrer la Grande-Bretagne et qui rend malheureusement la S. D. N. un instrument fragile.

En somme, le Protocole est un instrument mort-né.

LES ACCORDS DE LOCARNO.

Le Protocole de Genève venait d'échouer. L'Allemagne eut alors l'idée de reprendre ce Protocole sur des bases plus restreintes en le limitant à un Pacte à cinq : Allemagne, France, Belgique, Grande-Bretagne et Italie. (Plus tard, la Pologne et la Tchéco-Slovaquie devaient venir se joindre à ce Pacte).

Ce Pacte prit le nom d'Accords de Locarno et fut signé en octobre 1925.

Remarquons qu'il s'agit d'une tentative réalisée sans l'intervention de la S. D. N.

Les accords de Locarno comprennent deux points essentiels.

1er point

Les puissances signataires renoncent à la guerre comme mode de solution des conflits et acceptent l'arbitrage obligatoire pour tous les différends d'ordre politique.

Les rédacteurs des Accords de Locarno ont établi une distinction entre les conflits d'ordre juridique et les conflits d'ordre politique. Les premiers pourront dans une certaine mesure échapper à l'arbitrage, mais les seconds y seront obligatoirement déférés. Une nouveauté : **La Commission de conciliation** devant laquelle les différends d'ordre politique doivent être obligatoirement portés avant même d'être soumis à l'arbitrage. On peut rapprocher cette tentative de conciliation de celle qui existe en droit civil français devant le juge en matière de divorce. Celle-ci est d'ailleurs sans efficacité

2e point

L'Allemagne garantit le statu quo pour sa frontière de l'ouest. En cas de violation de ce statu quo la Belgique, la Grande-Bretagne et l'Italie viendraient au secours de la France.

Ce deuxième point a pu faire dire que l'Allemagne renonçait officiellement à toute revendication eu égard à l'Alsace-Lorraine. Mais une pareille interprétation des Accords de Locarno a été combattue par toute la presse germanique. Celle-ci a affirmé que l'Allemagne **renonçait simplement à la violence** pour recouvrer l'Alsace et la Lorraine ; mais qu'elle se réservait le droit d'arriver à un résultat identique par l'action diplomatique, la propagande à l'étranger, etc... **Cette réserve est fort inquiétante pour la France.**

Le fait que seule la frontière de l'Ouest est garantie par l'Allemagne et qu'en cas d'agression de ce pays contre la France, la Belgique, l'Angleterre et l'Italie interviendraient collectivement pour la défense du droit a pu faire désigner **les Accords de Locarno sous le nom de Pacte rhénan.**

Cette dénomination correspond bien à la réalité des faits ; car en cas d'agression allemande contre la Pologne, l'Italie et la Grande-Bretagne ne sont pas garantes. Cette lacune est profondément regrettable.

LES ACCORDS DE LOCARNO ET LE TRAITÉ RUSSO-ALLEMAND DE RAPALLO.

Ce traité contient une clause en vertu de laquelle l'Allemagne ne prendrait pas part aux sanctions économiques et militaires dirigées contre la Russie en cas d'agression de celle-ci contre la Pologne.

Si l'on ajoute que l'Italie doit être vraisemblablement dans les mêmes dispositions à l'égard de la Russie on peut mesurer aisément la fragilité des Accords de Locarno.

JUGEMENT SUR LES ACCORDS DE LOCARNO.

Ces accords font très bien sur le papier mais ils supposent un acte de foi des contractants. Hélas ! la Belgique violée en 1914 nous engage à la méfiance.

De plus, les Accords de Locarno mettant **la France, la Belgique et l'Allemagne sur le même pied, semblent les considérer toutes les trois également dangereuses pour la paix du monde.** Un siècle d'histoire démontre pourtant que ce n'est pas vrai.

Reconnaissons toutefois que les Accords de Locarno ont eu un mérite, celui de poser une formule de paix qu'avec beaucoup de précaution on pourra peut-être réaliser : arbitrage, sécurité, désarmement.

CHAPITRE III.

LE PACTE BRIAND-KELLOG DE " MISE HORS LA LOI " DE LA GUERRE

Le début des négociations entre M. Kellog et M. Briand fut le renouvellement d'un traité d'arbitrage franco-américain du 10 février 1908 qui expirait en février 1928.

M. Briand eut l'idée de compléter le nouveau traité par une condamnation de la guerre en général comme moyen de régler les différends pouvant surgir entre la France et les Etats-Unis.

Les Etats-Unis acceptèrent la proposition de M. Briand mais exprimèrent le désir que le Pacte à signer ne fût pas simplement bilatéral, mais général.

Il fallait pour cela obtenir l'adhésion des principales puissances du monde. Alors les difficultés commencèrent.

DIFFICULTÉS RENCONTRÉES PAR LE PACTE.

La thèse américaine et la thèse française différaient sensiblement.

1° La thèse américaine.

Toute guerre offensive ou défensive, juste ou injuste est mise hors la loi.

Cette thèse était soutenable si l'on ne considérait que les relations franco-américaines, depuis toujours parfaitement cordiales. Mais elle devenait dangereuse si on l'étendait au reste du monde. **En effet, tout d'abord cette thèse allait contre le principe même du Pacte de la Société des Nations.**

Ensuite elle donnait une prime aux nations de proie qui engageant une guerre d'agression ne rencontreraient aucune opposition collective du reste du monde puisque l'Etat attaqué prenant les armes et faisant par conséquent la guerre, serait également mis hors la loi.

2° La thèse française.

La France soutenait au contraire que si on condamnait toute guerre, fût-elle défensive, **il fallait au moins que toutes les puissances du monde prissent l'engagement de venir au secours de la nation attaquée.**

En dehors de cette garantie, le Pacte devenait un instrument d'oppression et ruinait la généreuse tentative de la S. D. N.

LE PACTE EST SIGNÉ MALGRÉ LE DÉSACCORD FRANCO-AMÉRICAIN.

Le Pacte en effet ne fut pas sensiblement modifié. Seules, des lettres échangées entre M. Briand et M. Kellog posent bien nettement le principe que la guerre défensive n'est pas mise hors la loi ; mais le Pacte lui-même est extrêmement vague sur ce point.

APPRÉCIATION DU PACTE.

Il n'a aucune portée pratique puisqu'il n'organise aucune garantie collective.

Il a simplement une portée morale, mais elle est considérable, car à 10 ans de la guerre toutes les nations civilisées ont accepté de mettre la guerre hors la loi.

Il est vrai qu'un an plus tard, la Russie soviétique, signataire du Pacte Briand-Kellog entrait en guerre contre la Chine et violait ainsi l'esprit du Pacte. La remarque lui en fut faite par voie diplomatique, mais sans résultat.

Chapitre IV

LES RÉPUBLICAINS-NATIONAUX ET L'ORGANISATION INTERNATIONALE DE LA PAIX

Nos adversaires nous accusent couramment d'être les adversaires de l'organisation internationale de la Paix.

Ils nous disent : « Vous acceptez du bout des lèvres seulement, la Société des Nations, les Accords de Locarno et le Pacte Briand-Kellog. Au fond, vous n'y croyez pas, et, votre secret désir est de voir les événements confirmer votre scepticisme ».

Il faut répondre à cette accusation en situant aussi exactement que possible la position des républicains-nationaux dans cet angoissant problème de la Paix.

Cette position est caractérisée par trois idées essentielles :

1re idée.

Les Républicains-nationaux n'ont aucune hostilité systématique contre l'organisation internationale de la Paix.

La meilleure preuve qu'on en puisse donner est qu'ils ont soutenu, de leurs votes au Parlement, les gouvernements qui ont travaillé au problème de la Paix sans compromettre la sécurité nationale (1).

2e idée.

Les Républicains-nationaux accueillent toutes les tentatives, tous les instruments d'organisation internationale de la paix avec un certain scepticisme résultant des leçons de l'histoire.

S. D. N., Pacte de Locarno, Pacte Briand-Kellog ne sont pas, en effet, contrairement à une opinion malheureusement trop répandue, de véritables nouveautés.

(1) Voir la brochure très documentée de notre ami Georges Gautier « *Les Républicains nationaux et la Paix* ».

3e idée.

Les Républicains-nationaux conseillent la prudence parce que l'organisation internationale de la paix ne repose sur aucun système efficace de sanctions.

Or, il n'est pas possible actuellement de perfectionner ce système de sanctions.

Laissant de côté la première idée qui a reçu d'amples développements dans la brochure « Les Républicains Nationaux et la Paix », nous allons développer la 2e et la 3e idée.

S. D. N. ; ACCORDS DE LOCARNO ; PACTE BRIAND-KELLOG, NE SONT PAS DES TENTATIVES NOUVELLES.

L'histoire en a enregistré de semblables qui ont échoué dans le sang.

Les Républicains-nationaux ont le devoir de ne pas les décourager, tout en montrant à leur égard un certain scepticisme.

Le passé est riche en tentatives généreuses. Au Moyen Age même, les efforts des rois pour mettre fin aux guerres privées, les efforts de l'Eglise pour faire régner la paix dans la chrétienté, ne se comptent pas.

La « Trêve de Dieu », la « Paix de Dieu », la « Quarantaine le Roi », la médiation du pape et une foule d'autres institutions peuvent être utilement rappelées par l'orateur républicain-national.

Nous lui conseillons toutefois de ne pas s'y arrêter longuement. Un adversaire de mauvaise foi pourrait en effet l'accuser de regretter cette époque lointaine où les rois et l'Eglise faisaient la loi. Pour stupide que soit cette accusation, il n'en serait pas moins à craindre qu'elle produisît un certain effet. Afin d'éviter cet inconvénient il faut être extrêmement objectif. Une bonne méthode consistera à faire observer à l'auditoire que l'on rappelle simplement l'histoire *telle qu'elle est* sans la juger.

L'orateur républicain-national aura beaucoup plus de chance de frapper l'attention de ses auditeurs en étudiant certaines tentatives françaises et étrangères des temps modernes.

En voici quelques-unes :

1° La Conférence des Ambassadeurs.

Au commencement du XVIIe siècle, le Français **Emeric Crucé** propose à tous les princes, chrétiens ou non, d'envoyer chacun un ambassadeur dans une ville d'Europe, Venise par exemple.

« *Ces ambassadeurs formeront un Conseil où tous les différends seront évoqués.*
Si quelqu'un vient à contrevenir à la solution donnée par cette Conférence des Ambassadeurs, il encourra la disgrâce des autres princes, qui auront mission de le remettre à la raison. »

Cela ressemble fort à la garantie collective, fondement de l'actuelle Société des Nations.

2° Mémoires pour rendre la Paix perpétuelle, de l'abbé de Saint-Pierre.

Sous ce titre, l'abbé de St-Pierre publiait en 1713, un plan comprenant 5 articles auxquels il invitait des princes à adhérer.

Comme nous l'allons voir, ce plan comporte déjà toutes les prétendues nouveautés que nous offre l'organisation actuelle de la paix. A savoir :

La garantie collective de l'intégrité territoriale ;
La réduction des armements ;
La mise de la guerre hors la loi ;
La conciliation, la médiation et l'arbitrage ;
L'intervention militaire collective.

Examinons ces différents points dans le plan de l'abbé de Saint-Pierre.

a) La réduction des armements et la garantie de l'intégrité territoriale.

L'abbé de Saint-Pierre écrit :

ARTICLE I. — « *Une alliance perpétuelle entre souverains est nécessaire pour se procurer mutuellement une diminution très considérable de leurs dépenses militaires en augmentant cependant leur sûreté.*
...Ce sera une sûreté pour la conservation de l'intégrité territoriale des Etats. »

On peut rapprocher la dernière partie de cet article 1, de l'article 10 du Pacte de la S. D. N.

b) La mise de la guerre hors la loi.

On lit dans l'article 3 du Plan de l'abbé de Saint-Pierre, une déclaration solennelle qui ressemble au **Pacte Briand-Kellog.**

ART. 3. — « *Les grands alliés pour terminer entre eux leurs différends présents et à venir, ont renoncé et* **renoncent pour jamais,** *pour eux et pour leurs successeurs,* **à la voie des armes...** »

c) La conciliation et l'arbitrage.

L'article 3 du Plan de l'abbé de Saint-Pierre dit que les grands alliés « *sont convenus de prendre toujours dorénavant la voie de la* **conciliation** *pour la* **médiation** *du reste des grands alliés dans le lieu de l'Assemblée générale ; et en cas que cette médiation n'aurait pas de succès, ils sont convenus de s'en rapporter au* **jugement** *qui sera rendu par les plénipotentiaires des autres alliés...* »

d) L'intervention militaire collective.

Les causes qui légitiment cette intervention sont plus nombreuses dans le Plan de l'abbé de Saint-Pierre que dans le Pacte de l'actuelle S. D. N.

Article 4 du Plan de l'abbé de Saint-Pierre : « *Si quelqu'un d'entre les grands alliés refuse d'exécuter les jugements et règlements de la Grande Alliance,* **négocie des traités contraires, fait des préparatifs de guerre, la Grande Alliance armera et agira contre lui offensivement** *jusqu'à ce qu'il ait exécuté les dits jugements et donné sûreté de réparer les torts causés par ces hostilités et de rembourser les frais de guerre suivant l'estimation faite par les commissaires de la Grande Alliance.* »

L'idée généreuse de l'abbé de Saint-Pierre eut un grand retentissement à l'époque, mais n'empêcha point les guerres d'éclater par la suite.

3° Les tentatives anglo-saxonnes.

Bentham en 1843 publie un « Plan de Paix perpétuelle » comportant la création d'une Diète européenne chargée surtout d'en appeler à l'opinion publique mondiale.

Il est à remarquer que l'idée anglo-saxonne n'a pas changé depuis lors. Tandis que les Français sont partisans de la **sanction** matérielle contre l'agresseur, les Anglais, en particulier, affirment qu'il suffit de dénoncer l'agresseur à l'opinion publique mondiale.

Leur hostilité à l'article 16 du Pacte de la S. D. N. organisant l'intervention collective pour l'application des sanctions militaires ressortit à cette mentalité.

A noter enfin qu'il existait avant la guerre la «League to enforce peace » (Ligue pour le maintien de la paix par la force). La guerre a malheureusement démontré que cette Ligue n'a servi à rien.

Si donc les républicains-nationaux demeurent sceptiques en face des tentatives actuelles d'organiser la paix du monde, c'est que l'histoire elle-même leur conseille ce scepticisme.

L'ORGANISATION INTERNATIONALE DE LA PAIX NE REPOSE SUR AUCUN SYSTÈME EFFICACE DE SANCTIONS.

Les Républicains-nationaux conseillent la prudence

Nous avons fait entrevoir au chapitre I combien les sanctions préconisées par la S. D. N. pouvaient être illusoires : sanctions économiques dont l'efficacité dépend de la bonne foi du monde entier, sanctions militaires risquant d'intervenir après que la nation la plus faible aura été écrasée.

Nous avons enfin signalé tout l'espoir que le monde peut mettre dans l'institution de l'arbitrage, mais nous n'avons rien dit des occasions où la S. D. N. est intervenue.

Il nous reste donc à examiner d'une part si le système de sanctions dont dispose la S. D. N. peut être perfectionné, d'autre part si dans son état actuel, la S. D. N. est un organisme efficace ?

Les sanctions économiques et le « droit des neutres» La doctrine américaine.

Un fait est à peu près certain : le boycottage économique de l'agresseur sera impossible.

Pour qu'il fût possible, — nous voulons dire juridiquement possible, — il faudrait que la S. D. N. comprît toutes les grandes nations du monde et en particulier les Etats-Unis.

Or, les Etats-Unis ont refusé jusqu'à maintenant d'adhérer à la S. D. N. **Ils n'ont donc accepté aucune des obligations contenues dans le Pacte.**

En cas de boycottage économique de l'Etat agresseur, les Etats-Unis, en vertu du « droit des neutres » se réservent donc de fournir à cet Etat des matières premières, des denrées et des armes.

Certes, on peut objecter que les Etats-Unis, signataires du Pacte Briand-Kellog, aux côtés des Grands Etats de la S. D. N., ont admis, au moins implicitement l'**obligation morale de boycotter économiquement agres-**

seur. Certains journalistes américains l'ont reconnu et l'ont écrit ; mais une énorme majorité de contradicteurs s'est dressée contre cette interprétation du Pacte Kellog.

D'ailleurs, que pèsera « l'obligation morale » qui résulte du Pacte Kellog, à côté des intérêts des marchands américains ?

En face de la volonté des Etats-Unis de ne souffrir aucune restriction à leur droit de commerce avec l'Etat agresseur, on peut se demander ce que feront les membres de la S. D. N. dans le cas d'une action militaire collective. Décideront-ils que les Etats-Unis, fournissant des armes à l'Etat agresseur, se font son complice et qu'à ce titre ils doivent aussi être l'objet de sanctions militaires ?

Cette interprétation extensive du Pacte de la S. D. N. aurait pour résultat une guerre de continent à continent.

Enfin demeure jusqu'à nouvel ordre l'immense point d'interrogation de la Russie soviétique. Que fera-t-elle en cas de boycottage économique de l'Etat agresseur ?

La S. D. N. tribunal sans gendarme.

L'inefficacité des sanctions militaires dont dispose la S. D. N. a fait dire qu'elle était un tribunal sans gendarme. Cette image est assez peu exacte. Outre que la S. D. N. ressemble plutôt à une association syndicale de Nations qu'à un tribunal, elle dispose à la vérité de gendarmes nombreux et puissants qui sont les nations sociétaires elles-mêmes. La question qui se pose est donc plutôt celle de savoir si la S. D. N. aura assez de prestige et d'autorité pour mettre en mouvement ces « gendarmes » nombreux et puissants dont juridiquement elle dispose ?

Une armée internationale au service de la S. D. N.

Des esprits ingénieux ont répondu à cette question en proposant l'idée d'une armée internationale, véritable gendarmerie au service de la S. D. N. pour le maintien de la paix du monde.

Cette armée internationale, affirment-ils, aurait sur l'armée hétérogène levée à la hâte chez les Etats membres de la S. D. N. en cas d'intervention collective, l'avantage de présenter une certaine unité d'esprit et de commandement. De plus, ayant un caractère permanent et pouvant rapidement intervenir elle inspirerait une salutaire crainte aux nation belliqueuses.

Les objections qu'on peut opposer à cette idée d'une armée internationale en font une véritable chimère.

1re objection

L'armée internationale serait une prime aux nations très peuplées.

On ne conçoit pas que la Belgique puisse contribuer numériquement aux effectifs de l'armée internationale dans la même proportion que la France. Cette remarque est également vraie pour la France pays de 41 millions d'habitants, vis-à-vis de l'Allemagne qui en compte 65 millions. Logiquement il devrait donc y avoir 3 Allemands pour 2 Français dans l'armée internationale.

2e objection

L'armée internationale, instrument d'oppression.

Dans cette armée-mosaïque où toutes les races seront représentées, des affinités s'exerceront. On conçoit très bien qu'aujourd'hui par exemple les soldats des Etats vaincus de la dernière guerre créeraient presque instinctivement une sorte de clan dangereux pour l'unité même de l'armée internationale. Et quelles influences ne s'exerceraient pas au sein de l'état-major de cette armée ?

Ne peut-on pas craindre à cet égard qu'un aventurier de génie, galvanisant tout ou partie de l'armée internationale, en fasse un instrument d'oppression au service d'un impérialisme quelconque ou d'une ambition personnelle ?

3e objection

L'armée internationale se divisera en autant de troncons qu'il y aura de belligérants.

Enfin que fera l'armée internationale lorsque l'ordre lui aura été donné de marcher.

Prenons un exemple : celui de la France refusant de recourir à la médiation ou à l'arbitrage et attaquant l'Italie (Nous prenons à dessein cette hypothèse ridicule pour que nos adversaires ne nous accusent pas de prêter à notre pays une sagesse spéciale).

L'armée internationale va envahir la France et combattre les armées françaises en guerre contre les armées italiennes.

Or, dans l'armée internationale il y aura des Français.

Tireront-ils sur d'autres Français?

Non ! Même si les soldats de l'armée internationale sont tous socialistes ils seront avant tout pères, frères ou fils du soldat français d'en face et ils ne tireront pas !

Nous pouvons d'ailleurs appuyer cette affirmation sur un fait historique : celui de la guerre de sécession américaine de 1865.

Lorsqu'en 1865 éclata la guerre dite de sécession (les Etats du Nord désiraient abolir l'esclavage, tandis que les Etats du sud désirant le maintenir voulaient se retirer de « l'Union » pour agir à leur guise), il existait une armée fédérale pour toute l'Union des Etats américains.

Cette armée fédérale pouvait être assimilée à l'armée internationale qu'on nous propose aujourd'hui.

Lorsque la guerre éclata entre les Etats du Nord et les Etats du Sud, que fit l'armée fédérale ? Elle se divisa en deux tronçons.

Un tronçon ayant des origines ou des affinités sudistes s'en vint grosir l'armée des sudistes.

L'autre tronçon pour des raisons identiques s'en vint grossir l'armée des nordistes.

Et les deux tronçons de l'armée fédérale se battirent l'un contre l'autre sans manifester le moindre souvenir du temps où, unis, ils ne formaient qu'une seule armée.

L'armée internationale d'aujourd'hui ferait comme l'armée fédérale d'hier. C'est une construction chimérique de l'esprit, sans plus.

Dans son état actuel, la S. D. N. est-elle efficace ?

Il est difficile de répondre à cette question et surtout de donner une opinion définitive.

La vérité est que la S. D. N. n'a eu à régler, depuis sa création, que des différends nés entre petits Etats (Venezuela-Colombie ; Grèce-Yougo-Slavie). **Après que ces petits Etats se furent passablement bombardés et mitraillés la S. D. N. parvint, en général, à faire accepter sa décision.** Mais pratiquement il y avait eu, toutes proportions gardées, une **guerre ; les conflits n'ont donc pas reçu véritablement une solution pacifique.**

Il est même des conflits qui n'ont jusqu'à maintenant reçu aucune solution, malgré tous les efforts de la S. D. N. Témoin, l'irritante question de Vilna dans laquelle pourtant le pays en cause, la Lituanie est un tout petit Etat. Que serait-ce si la Lituanie comptait 60 millions d'habitants et possédait un puissant potentiel de guerre ?

On peut répondre il est vrai que tout récemment la S. D. N. a donné une issue pacifique aux graves incidents qui éclatèrent entre l'Allemagne et la Pologne en Haute-Silésie. Nous enregistrons avec plaisir ce succès. Qu'il nous soit permis toutefois de faire observer que l'Allemagne débitrice du monde et « plaignante » perpétuelle à la S. D. N. n'a **pour le moment** aucun intérêt à vouloir régler par la force le problème de ses frontières orientales. L'avenir dira s'il en sera toujours ainsi !

CONCLUSIONS

Un grand effort a été fait depuis une quinzaine d'années pour organiser internationalement la Paix.

Société des Nations, Accords de Locarno, Pacte Briand-Kellog sont de grands faits historiques. Ils ne constituent d'ailleurs pas de véritables nouveautés.

Ils marquent une volonté quasi mondiale de substituer la justice à la force.

Les dénigrer systématiquement serait donc une sottise et peut-être un crime.

Il faut au contraire que tous les pays s'attachent à perfectionner ces instruments encore débiles de la paix du monde. Les Républicains nationaux, en ce qui les concerne, ne négligeront aucun effort en ce sens.

Mais une sottise et un crime aussi grands que le dénigrement systématique, seraient la confiance béate et aveugle.

Comme nous l'avons vu, **l'organisation internationale de la Paix ne repose sur aucun système efficace de sanction, et ce système n'est pas actuellement perfectible.**

De plus ni la Russie soviétique, ni l'Amérique ne font partie de la S. D. N. et pour cela même ne se reconnaissent les obligations internationales définies par cet organisme en cas d'action collective contre l'Etat agresseur.

L'Allemagne enfin signataire du traité de Rapallo avec la Russie, s'oblige vis-à-vis de ce pays à une neutralité incompatible avec les accords de Locarno. Or elle n'a pas dénoncé ce traité. Certains faits semblent même prouver qu'elle l'aurait plutôt complété dans un sens dangereux pour la paix du monde.

Dans de telles conditions les Républicains-Nationaux estiment que leur doctrine en matière d'organisation internationale de la paix doit se résumer ainsi.

AUCUNE HOSTILITÉ SYSTÉMATIQUE.

UN CERTAIN SCEPTICISME COMMANDÉ PAR L'HISTOIRE.

BEAUCOUP DE PRUDENCE !

TABLE DES MATIÈRES

www.ingramcontent.com/pod-product-compliance
Lightning Source LLC
LaVergne TN
LVHW012020160826
845678LV00002B/932